Klippert

Nach der Lernmethodik
von Dr. Heinz Klippert

Renate Maria Zerbe

Sachunterricht

Mein Heimatort

Grundschule 3/4
Kopiervorlagen

Wir haben uns für die Schreibweise mit dem Sternchen entschieden, damit sich Frauen, Männer und alle Menschen, die sich anders bezeichnen, gleichermaßen angesprochen fühlen. Aus Gründen der besseren Lesbarkeit für die Schüler*innen verwenden wir in den Kopiervorlagen das generische Maskulinum. Bitte beachten Sie jedoch, dass wir in Fremdtexten anderer Rechtegeber*innen die Schreibweise der Originaltexte belassen mussten.
In diesem Werk sind nach dem MarkenG geschützte Marken und sonstige Kennzeichen für eine bessere Lesbarkeit nicht besonders kenntlich gemacht. Es kann also aus dem Fehlen eines entsprechenden Hinweises nicht geschlossen werden, dass es sich um einen freien Warennamen handelt.

1. Auflage 2024

Autor*innen: Renate Maria Zerbe
Covergestaltung: fotosatz griesheim GmbH
Umschlagfoto: AdobeStock #199793909; Urheber: Sina Ettmer
Illustrationen: Corina Beurenmeister
Satz: tebitron gmbh, Gerlingen
Druck und Bindung: Druckerei Joh. Walch GmbH & Co. KG
ISBN 978-3-403-**09259**-9

www.auer-verlag.de

Inhalt

Mein Heimatort

Autorin: Renate Maria Zerbe

Die **Autorin:**

Renate M. Zerbe unterrichtet an einer Grundschule in Nordrhein-Westfalen. Von ihr sind bereits zahlreiche Veröffentlichungen erschienen.

Dr. **Heinz Klippert**, gelernter Maschinenschlosser; Absolvent des Zweiten Bildungsweges, Ökonom und Soziologe; Promotion in Wirtschaftswissenschaften.

Lehrkraftausbildung und mehrjährige Lehrkrafttätigkeit in einer Integrierten Gesamtschule in Hessen. Seit 1977 Dozent am EFWI (Lehrerfortbildungsinstitut der ev. Kirchen) in Landau/Pfalz.

Klippert zählt zu den renommiertesten Experten in Sachen Lernmethodik und Unterrichtsentwicklung. Sein Lehr- und Lernkonzept zielt auf eigenverantwortliches Lernen und umfassende Methodenschulung.

Klippert hat zahlreiche Bücher und Aufsätze geschrieben und zahllose Lehrkräfte fortgebildet. Sein Programm wird derzeit in Hunderten von Schulen in mehreren Bundesländern erfolgreich umgesetzt. Einschlägige Evaluationen bestätigen dieses.

Liebe Kolleg*innen,

Schule und Unterricht befinden sich im Umbruch. Die Schüler*innen verändern sich, die Heterogenität in den Klassen nimmt zu, die Belastungen für die Lehrkräfte wachsen. Neue Bildungsstandards und Prüfungen sind angesagt. Neue Kompetenzen sollen vermittelt, neue Lernverfahren praktiziert werden. Das alles verunsichert.

Sicherlich haben auch Sie sich schon gefragt, wie das alles bei laufendem Schulbetrieb bewerkstelligt werden soll und kann. Druck und guter Wille allein reichen nicht. Nötig sind vielmehr überzeugende und praxistaugliche Hilfen und Unterstützungsangebote von außen und oben – Lehrkraftfortbildung und Lehrmittelverlage eingeschlossen.

Die Lehr- und Lernmittelreihe „Klippert Medien“ stellt ein solches Unterstützungsangebot dar. Die dokumentierten Lernspiralen und Kopiervorlagen sind von erfahrenen Unterrichtspraktikern entwickelt worden und sollen Ihnen helfen, den alltäglichen Unterricht zeitsparend, schüler*innenaktivierend und kompetenzorientiert vorzubereiten und zu gestalten.

Dreh- und Angelpunkt sind dabei die sogenannten „Lernspiralen“. Sie sorgen für motivierende Arbeits- und Interaktionsschritte der Schüler*innen und gewährleisten eine vielfältige Differenzierung – Tätigkeits-, Aufgaben-, Produkt-, Methoden- und Lernpartner*innendifferenzierung. Die Schüler*innen fordern und fördern sich wechselseitig. Sie helfen, kontrollieren und erziehen einander. Das sichert Lehrkraftentlastung.

Die Lernspiralen sind so aufgebaut, dass sich die Schüler*innen in das jeweilige Thema/Material/Problem regelrecht „hineinbohren“. Das tun sie im steten Wechsel von Einzelarbeit, Partner*innenarbeit, Gruppenarbeit und Plenararbeit. Sie müssen lesen, schreiben, zeichnen, nachschlagen, markieren, strukturieren, ordnen, diskutieren, experimentieren, kooperieren, präsentieren, Probleme lösen und vieles andere mehr.

Diese Lernarbeit sichert nachhaltiges Begreifen und breite Kompetenzvermittlung im Sinne der neuen Bildungsstandards. Selbsttätigkeit und Lehrkraftlenkung gehen dabei Hand in Hand. Fachliches und überfachliches Lernen greifen ineinander. Zur Unterstützung dieser Lernarbeit können spezifische Trainingstage zur Methodenklärung angesetzt werden (vgl. dazu die Trainingshandbücher im Beltz-Verlag).

Jede Lerneinheit (= Makrospirale) umfasst sechs bis zehn Lernspiralen. Jede Lernspirale wiederum dauert durchschnittlich ein bis zwei Unterrichtsstunden und wird in der Weise entwickelt, dass ein eng begrenzter Arbeitsanlass (z. B. Film erschließen) in mehrere konkrete Arbeitsschritte der Schüler*innen aufgegliedert wird. Das führt zu kompetenzorientiertem Arbeitsunterricht.

Wichtig ist ferner der progressive Aufbau jeder Lerneinheit. In der ersten Stufe durchlaufen die Schüler*innen Lernspiralen zur Bearbeitung themenbezogener Vorkenntnisse und Voreinstellungen. In der zweiten Stufe erarbeiten sie sich neue Kenntnisse und/oder Verfahrensweisen zum jeweiligen Lehrplanthema. Und in der dritten Stufe schließlich sind sie gehalten, komplexere Anwendungs- und Transferaufgaben zu bewältigen.

Zu jeder Lernspirale gibt es bewährtes Lehrkraft- und Schüler*innenmaterial. Was die Lehrkräfte betrifft, so werden ihnen die methodischen Schritte konkret vorgestellt und erläutert. Die zugehörigen Schüler*innenmaterialien sind übersichtlich gestaltet; Spots und Marginalien geben wertvolle Lern- und Arbeitstipps für die Schüler*innen- wie für die Lehrkraftseite.

Das alles ist als „Hilfe zur Selbsthilfe“ gedacht. Wer wenig Zeit hat, kann die dokumentierten Lernspiralen und Materialien durchaus Eins zu Eins einsetzen. Wer dagegen einzelne Teile ergänzen bzw. modifizieren möchte, der kann das natürlich ebenfalls tun.

Viel Spaß und Erfolg bei der Umsetzung der Lernspiralen wünscht Ihnen

Heinz Klippert

Beispiel zum Aufbau der Lernspiralen

LS M2

Verweis auf die Aufgabe in der Kopiervorlage **A3**

Verweis auf die Lernspirale und das Material

		Zeit	Lernaktivitäten	Material	Kompetenzen
1	EA	10'	S füllen einen Steckbrief aus.	M1.A1	– Stichpunkte machen – Fragen in vollständigen Sätzen beantworten – Aussagen über die eigene Person formulieren
2	PL/ PA	5'	S führen beim Spiel *music stop* Kennenlerndialoge und benutzen dabei zunächst Fragekärtchen als Hilfestellung.	M1.A2, M2	
3	PL/ PA	5'	S setzen das Spiel ohne Fragekärtchen fort.		
4	EA	5'	S bereiten einen Kurzvortrag über sich vor.	M1.A3	
5	GA	15'	Simultanpräsentation: S stellen sich in Gruppen vor.		
6	PL	5'	Zwei S stellen sich vor der Klasse vor.		

Arbeitsschritte

Unterschiedliche Sozialformen

Hinweise zum Zeitbedarf

Vielfältige Lernaktivitäten und Methodenanwendungen der Schüler*innen

Verweis auf das Material und die Aufgaben in den Kopiervorlagen

Kompetenzen, die die Schüler*innen erwerben können

Notizen:

Was weiß ich über meinen Heimatort?

		Zeitrichtwert	Lernaktivitäten	Material	Kompetenzen
1	PL	5'	L gibt einen Überblick über den Ablauf der Stunde.		– aktiv zuhören – konstruktiv in der Gruppe zusammenarbeiten – Arbeitsergebnisse vorstellen – Umgang mit digitalen Medien schulen bzw. vertiefen – die Arbeitszeit einteilen können – zielgerichtet und organisiert arbeiten – gezielt nach Informationen suchen – Informationen auswählen können – einen Sachtext erschließen – ein Bild interpretieren bzw. verbal umschreiben – Vorwissen bzgl. des Heimatortes verbalisieren
2	PL	10'	Im Kinokreis tauschen sich die S zu Fotos aus.	Fotos vom Heimatort	
3	EA	10'	S notieren auf Karten Vorwissen/Fragen zu ihrem Heimatort.	A6-Karten in 2 Farben	
4	GA	15'	S tauschen sich in einer Kleingruppe aus und sortieren doppelte Karten aus.	ausgefüllte Karten	
5	PL	10'	Jeweils zwei S einer Gruppe stellen Vorwissen und Fragen vor. Die Ergebnisse werden in einer Mindmap festgehalten.	ausgefüllte A6-Karten, Magnete/ Pinnnadeln	
6	GA	10'	S lesen sich die Definition von Ort, Dorf, Stadt und Gemeinde durch und markieren Schlüsselbegriffe.	M1	
7	PL	10'	S nennen Kennzeichen von Dorf/Stadt und entwickeln ein Pfeildiagramm zu ihrem Heimatort.		
8	PA	15'	S recherchieren auf der Homepage ihres Heimatortes nach grundlegenden Fakten und notieren diese.	M2	
9	PL	5'	Ein Partnerteam stellt seine Ergebnisse vor.	M2	

✓ Merkposten

Für den 2. Arbeitsschritt vorab Fotos unterschiedlicher Art (Feste, Bauwerke, Einrichtungen, …) machen oder heraussuchen.

Für den 3. Arbeitsschritt Karten (A6-Format) in zwei Farben bereitlegen.

Für den 8. Arbeitsschritt Tablets/PCs für die Recherche zur Verfügung stellen.

Tipp

Für den 8. Arbeitsschritt die Homepage der Gemeinde als QR-Code zur Verfügung stellen. Dann landen die Kinder direkt auf der richtigen Seite.

Darauf achten, dass geübte und weniger geübte Lesekinder zusammenarbeiten.

Erläuterungen zur Lernspirale

Ziel der Doppelstunde ist die Hinführung der Kinder zum Thema „Mein Heimatort“ sowie das Sammeln von Vorwissen. Zudem lernen sie, anhand der Definitionen von Dorf und Stadt ihren Heimatort einzuordnen.

Zum Ablauf im Einzelnen:

Im **1. Arbeitsschritt** gibt die Lehrkraft einen Überblick über den Ablauf der bevorstehenden Stunde.

Im **2. Arbeitsschritt** betrachten die Kinder im Kinokreis Fotos ihres Heimatortes und äußern sich dazu in einer Meldekette.

Im **3. Arbeitsschritt** schreiben die Kinder ihr Vorwissen auf einzelne Karten. Ihre Fragen („Das will ich über meinen Ort wissen.“) notieren sie auf andersfarbigen Karten. Es sollte immer nur eine Frage auf einer Karte stehen.

Im **4. Arbeitsschritt** tauschen sich die Kinder in einer Kleingruppe aus. Dabei werden Karten mit doppelten Inhalten aussortiert. Dadurch wird bei der Vorstellung Zeit gespart.

Im **5. Arbeitsschritt** stellen immer zwei Kinder aus jeder Gruppe jeweils das Vorwissen bzw. die Fragen vor. Begriffe, die zusammenpassen (Vorwissen), werden thematisch zu einer Mindmap verknüpft. Die Kinder müssen gut zuhören, um weiteres Wissen/weitere Fragen zu ergänzen. Doppelungen sollten vermieden werden. Am Ende der Reihe kann überprüft werden, ob alle Fragen geklärt werden konnten.

Im **6. Arbeitsschritt** lesen sich die Kinder der Zufallskleingruppe (siehe 4. Arbeitsschritt) Definitionen von Ort/Stadt/Dorf gut durch (M1) und markieren Schlüsselbegriffe.

Im **7. Arbeitsschritt** nennen die Kinder Kennzeichen von Dorf und Stadt und setzen ihren Wohnort in Beziehung zu größeren Räumen (Heimatort, Landkreis/Kreis, Bundesland). Es entsteht ein Pfeildiagramm an der (elektronischen) Tafel. Die Kinder nehmen sich in einer Meldekette dran.

Im **8. Arbeitsschritt** recherchieren die Kinder in Partnerarbeit auf der Homepage ihrer Gemeinde und halten wichtige Basisinformationen fest (M2).

Im **9. Arbeitsschritt** stellt ein Partnerteam seine Arbeitsergebnisse vor. Weitere Teams können ergänzen.

Notizen:

LS M1 Ort – Dorf oder Stadt?

A1 Lies den Text gut durch.

A2 Markiere wichtige Schlüsselbegriffe.

In einem Ort wohnen Menschen zusammen. Es gibt kleine und große Orte. Ein Ort kann ein Dorf oder eine Stadt sein.

Das Dorf befindet sich meistens im ländlichen Raum, mit vielen Feldern und Äckern drumherum. Ein Dorf kann ganz klein sein, mit nur 10 Wohnhäusern, oder es kann viel mehr Einwohner haben: bis zu 5.000 Einwohner. Dann hat so ein Dorf auch schon eine Schule, vielleicht sogar mehrere Kirchen und auch mehr Möglichkeiten, um Lebensmittel einzukaufen.

Ab 5.000 Einwohnern ist ein Ort eine Stadt. Dann erhält ein Ort nämlich das Stadtrecht.
Man unterscheidet dabei: Kleinstädte (bis zu 20.000 Einwohner)
Mittelstädte (20.000 bis 100.000 Einwohner)
Großstädte (über 100.000 Einwohner)

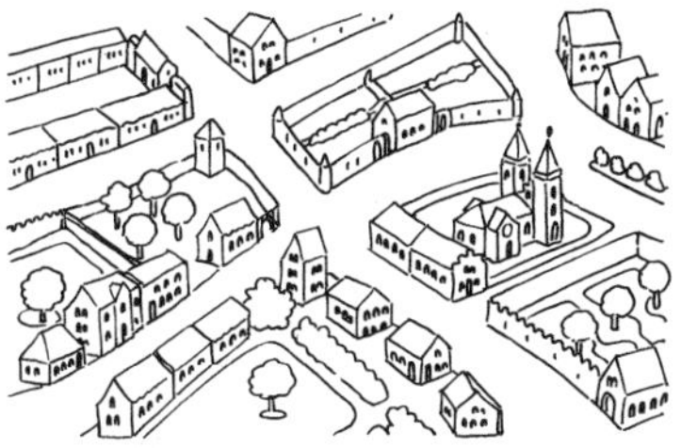

Manche Orte haben das Stadtrecht auch im Mittelalter bekommen und sind deshalb Städte, auch wenn sie kleiner sind als 5.000 Einwohner. Das sind aber nicht so viele. In der Regel bestimmt die Einwohnerzahl, ob ein Ort ein Dorf oder eine Stadt ist.
In Deutschland gibt es über 2.000 Städte, davon sind 80 Großstädte.

Die Bürgerinnen und Bürger einer Stadt, eines Dorfes oder mehrerer Orte zusammen bilden eine Gemeinde. Sie haben eine eigene Verwaltung, den Stadtrat/Gemeinderat mit dem Bürgermeister als Vorsitzenden bzw. der Bürgermeisterin als Vorsitzende. Jede Gemeinde gehört zu einem Landkreis (Ausnahme: kreisfreie Städte), und dieser Landkreis wiederum zu einem der 16 Bundesländer in Deutschland.

LS M2 Mein Heimatort

A Schaut auf der Homepage eures Wohnortes nach und füllt die Angaben auf dem Ortsschild aus.

Bundesland: ______________________________

Kreis/Landkreis: ______________________________

Ortsteile: ______________________________

Fläche: ______________________________

Einwohnerzahl: ______________________________

Postleitzahl: ______________________________

KFZ-Kennzeichen: ______________________________

Partnerstädte: ______________________________

Bürgermeister/
Bürgermeisterin: ______________________________

Wo liegt mein Heimatort?

		Zeitrichtwert	Lernaktivitäten	Material	Kompetenzen
1	PL	5'	L gibt einen Überblick über den Ablauf der Stunde.		– aktiv zuhören – konstruktiv und zielgerichtet in der Gruppe zusammenarbeiten – Arbeitszeit gut einteilen – gezielt nach Informationen in verschiedenen Medien suchen – Gesprächsregeln einhalten – die eigene Meinung begründet vertreten – geografische Termini zur näheren Beschreibung des Raumes kennen
2	EA	5'	S überlegen sich Informationen zur Beschreibung der Lage ihres Wohnortes.	A6-Karten	
3	PL	15'	S tauschen mittels der Methode Kugellager ihre Lagebeschreibungen aus. Anschließend stellen zwei S ihre Beschreibung vor.		
4	EA	20'	S bearbeiten die Aufgaben zur Lage ihres Heimatortes.	M1, M2 Atlanten/ Internet	
5	PA	5'	S vergleichen die Ergebnisse mit einem Zufallspartnerkind.	M1, M2	
6	PL	15'	S stellen ihre Ergebnisse vor und zeigen evtl. dabei die diversen geografischen Angaben auf einer Karte.	Karte	
7	GA	20'	S erstellen eine Bild-Collage zur Lage ihres Heimatortes.	Bilder, Prospekte	
8	PL	5'	S betrachten ihre Collagen im Museumsrundgang.	fertige Collage	

Erläuterungen zur Lernspirale

Ziel der Doppelstunde ist die genauere Verortung des Wohnortes in Deutschland hinsichtlich der Verkehrswege, Gewässer, Gebirge, Landschaften und nähergelegenen Großstädte. Zudem wenden die Kinder für die Lagebestimmung die Termini der Himmelsrichtungen an.

Zum Ablauf im Einzelnen:

Im **1. Arbeitsschritt** gibt die Lehrkraft einen Überblick über den Ablauf der bevorstehenden Stunde.

Im **2. Arbeitsschritt** überlegen sich die Kinder, wie sie einem anderen Kind erklären/beschreiben könnten, wo ihr Heimatort liegt. Als Gedankenstütze können sie sich Notizen auf Karten machen.

Im **3. Arbeitsschritt** stellen sich die Kinder mittels Kugellager ihre Beschreibungen wechselseitig vor. Nach einer festgelegten Zeit ertönt ein Signal und der Innenkreis rückt um drei Kinder weiter im Uhrzeigersinn. Insgesamt findet der Austausch mit drei unterschiedlichen Partnerkindern statt. Anschließend stellen zwei Kinder ihre Ideen im Plenum vor. Gegebenenfalls tauschen sich die Kinder im Plenum darüber aus, ob die Standortbeschreibungen ausreichend sind. (Welche Informationen fehlen? Meinungen begründen)

Im **4. Arbeitsschritt** suchen die Kinder in Einzelarbeit nach wichtigen Informationen zur Lagebeschreibung (M1/M2) in verschiedenen Medien.

Im **5. Arbeitsschritt** vergleichen die Kinder ihre Arbeitsergebnisse mit einem Zufallspartnerkind (M1/M2).

Im **6. Arbeitsschritt** stellen die Kinder mittels Meldekette die einzelnen Arbeitsergebnisse vor. Auf einer Karte der Umgebung (elektronische Tafel, Beamer, Dokumentenkamera o.Ä.) können beim Vortrag die einzelnen Gegebenheiten wie Nachbargemeinden, Gewässer, Verkehrswege gezeigt werden. Es kann auch die Windrose mit ihren Himmelsrichtungen angesprochen werden, um eine genauere Beschreibung des Raumes zu ermöglichen.

Im **7. Arbeitsschritt** gestalten die Kinder in Kleingruppen eine Bild-Collage zur Lage ihres Heimatortes, indem sie versuchen, diverse Ergebnisse vom 6. Arbeitsschritt einzubinden.

Im **8. Arbeitsschritt** betrachten die Kinder ihre Collagen in einem Museumsrundgang.

Notizen:

✓ Merkposten

Für den 2. Arbeitsschritt evtl. Karten (A6-Format) für Stichpunkte bereithalten.

Für den 4. Arbeitsschritt Atlanten sowie Tablets/PCs zum Recherchieren zur Verfügung stellen.

Für den 6. Arbeitsschritt eine Karte/einen Kartenausschnitt der Umgebung vorbereiten.

Tipp

Für den 7. Arbeitsschritt Prospekte vom Ort vorab besorgen lassen oder Bilder ausdrucken lassen.

LS M1 Mein Heimatort auf der Deutschlandkarte

A Markiere auf der Deutschlandkarte rot, wo sich dein Heimatort befindet.

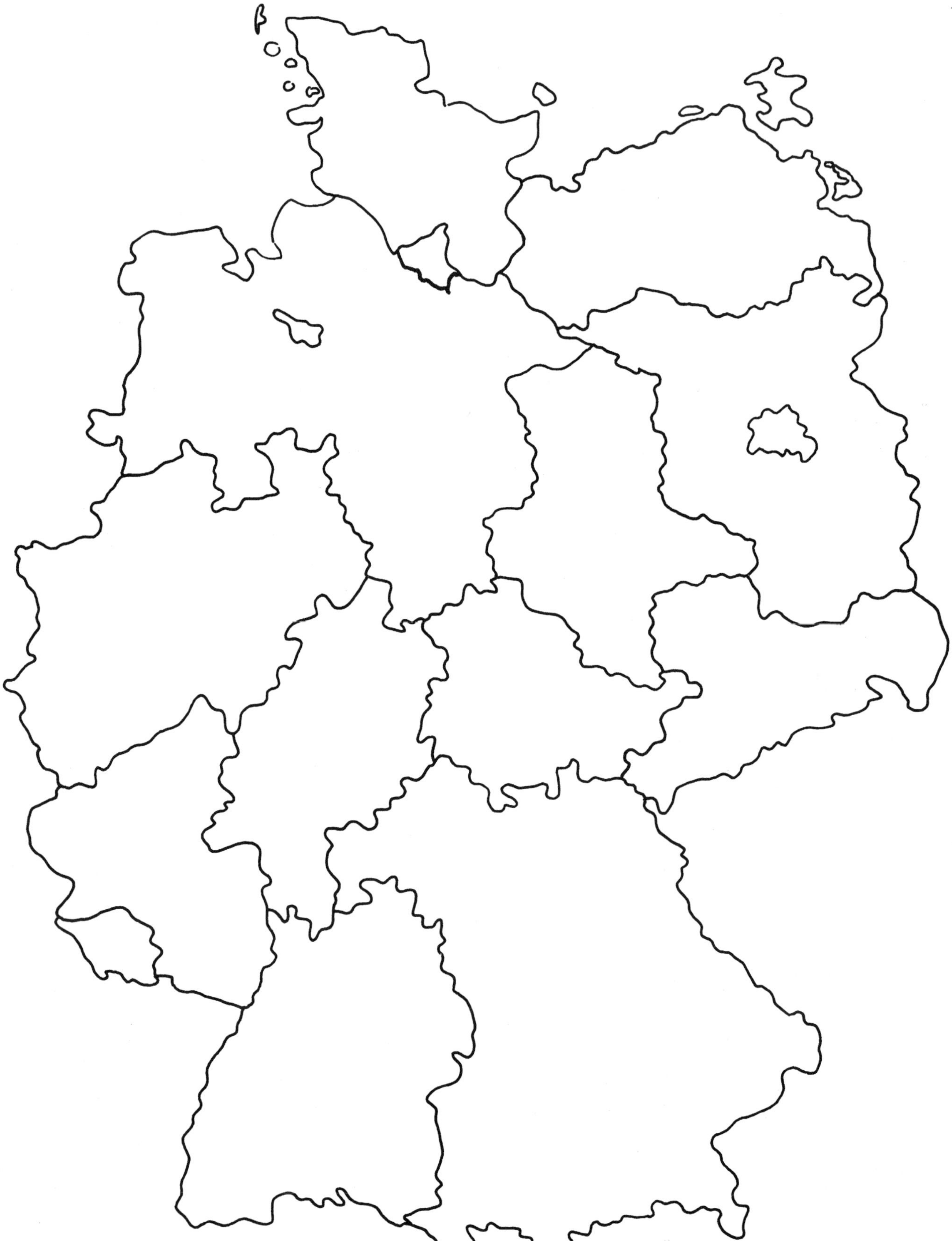

LS M2 Die Lage meines Heimatortes

A Lies die Fragen zur Lage deines Heimatortes und beantworte die Fragen. Recherchiere dafür in einem Atlas oder im Internet, indem du deinen Wohnort eingibst.

Liegt dein Heimatort im Norden, Süden, Osten oder Westen Deutschlands?

Mein Heimatort liegt im ____________________ Deutschlands.

An welchen Gewässern (Flüsse, Seen, Kanal, Meer, …) liegt dein Heimatort?

Mein Heimatort liegt an ____.

Welche Gebirge oder Berge umgeben deinen Heimatort?

Meinen Heimatort ____.

Wie ist dein Heimatort erreichbar (Verkehrswege, Verkehrsmittel)?

Mein Heimatort ist mit
- ☐ dem Auto (Autobahn, Landstraße)
- ☐ dem Bus (Buslinien)
- ☐ dem Flugzeug (Flughafen in der Nähe)
- ☐ der Bahn (Bahnhof im Ort) erreichbar.

Liegt der Ort an einer besonderen Straße / einem besonderen Radweg? (z. B. Romantische Straße, 100-Schlösser-Route)

Mein Heimatort liegt an ____.

In welcher Landschaft liegt dein Heimatort? (z. B. Münsterland, Alpen, Friesland, Harz, Gebirge, Waldgebiet, Küste, Moor, Heide)

Mein Heimatort liegt ____.

Wie heißen die Nachbarstädte / Nachbargemeinden?

Die Nachbarstädte / Nachbargemeinden heißen ____________________.

Einen Stadtplan lesen

		Zeitrichtwert	Lernaktivitäten	Material	Kompetenzen
1	PL	5'	L gibt einen Überblick über den Ablauf der Stunde.		– aktiv zuhören – in der Gruppe zielgerichtet und konstruktiv zusammenarbeiten – Sachtexten Informationen entnehmen – reale Situationen in Karten umsetzen – vor der Klasse präsentieren – Gesprächsregeln einhalten – Pläne, Karten in Realsituationen vorstellen bzw. diese in Realsituationen verwandeln – einfache geografische Karten lesen und verstehen – wissen, dass Pläne/Karten die Wirklichkeit in einem Maßstab abbilden – Meinungen bzgl. der Zeichnungen formulieren und begründen
2	EA	10'	S zeichnen ihren Schulweg auf.	DIN-A4-Papier	
3	PL	15'	Einige S stellen ihre Pläne vor. S tauschen sich über ihre Ergebnisse hinsichtlich des Verständnisses aus.	Stadtplan	
4	PA	10'	S überlegen sich die Bedeutung von Symbolen auf einem Stadtplan.	M1	
5	EA	10'	S lesen einen Text zu Plänen allgemein durch und markieren wichtige Schlüsselbegriffe.	M2.A1 – A2	
6	PA	5'	S tauschen sich mit einem Zufallspartnerkind über den Inhalt aus und klären Unverständliches.		
7	PL	15'	S klären Begriffe im Plenum und verdeutlichen es an einigen Beispielen.		
8	PA	10'	S üben mit einem Partnerkind das Lesen eines Stadtplans.	M2.A3	
9	PL	10'	S lösen die Ergebnisse im Plenum auf und bearbeiten Suchaufgaben auf dem Stadtplan.	Stadtplan	

✓ Merkposten

Ausreichend Stadtpläne besorgen (Verkehrsamt, Bürgerbüro, Tourismusinfo, Internet).

Tipp

Im 7. und 9. Arbeitsschritt die Pläne an der Wand zeigen.

Erläuterungen zur Lernspirale

Ziel der Doppelstunde ist, dass sich die Kinder einerseits mit ihrem Schulweg näher auseinandersetzen und einen Plan dazu zeichnen und andererseits lernen, Stadtpläne im Allgemeinen zu lesen – unter besonderer Berücksichtigung des Stadtplans des Wohnortes.

Zum Ablauf im Einzelnen:

Im **1. Arbeitsschritt** gibt die Lehrkraft einen Überblick über den Ablauf der bevorstehenden Stunde.

Im **2. Arbeitsschritt** zeichnen die Kinder in Einzelarbeit aus dem Kopf ihren Schulweg auf. Alternativ könnte auch eine Karte des Wohnortes gezeichnet werden.

Im **3. Arbeitsschritt** stellen einige Kinder ihren Plan per Beamer, Dokumentenkamera o. Ä. vor. Zudem werden Auffälligkeiten bzw. mögliche Verständnisprobleme für andere besprochen und gegebenenfalls Verbesserungen gesucht. Als Unterstützung zeigt die Lehrkraft einen Stadtplan des Wohnortes und die Kinder vergleichen mit ihren Plänen. Dabei sollte den Kindern die Verwendung von Symbolen ins Auge stechen. Es können ein bis zwei Beispielsymbole genannt werden.

Im **4. Arbeitsschritt** überlegen sich die Kinder mit einem Partnerkind die Bedeutungen einzelner Symbole und ergänzen evtl. weitere anhand des eigenen Stadtplanes (M1).

Im **5. Arbeitsschritt** bearbeiten die Kinder einen Infotext bzgl. der Orientierung auf Stadtplänen (M2). Zudem markieren sie Schlüsselbegriffe.

Im **6. Arbeitsschritt** klären die Kinder mit einem Zufallspartnerkind unverständliche Begriffe.

Im **7. Arbeitsschritt** werden Unklarheiten der Kinder im Plenum besprochen. Anhand von einigen Beispielen üben die Kinder das Ablesen/Auffinden von Planquadraten.

Im **8. Arbeitsschritt** übt jedes Kind mit einem Partnerkind das Lesen eines Stadtplans (M2).

Im **9. Arbeitsschritt** erfolgt die Vorstellung der Ergebnisse des 8. Arbeitsschritts mittels Meldekette. Abschließend überlegen sich drei Kinder der Klasse Suchaufgaben für den heimischen Plan und nehmen Kinder dazu dran.

Lösungen
M1.A1

Schloss	Kirche	Spielplatz

Information	Parkplatz	Flughafen

M2.A3
4 Kirchen und 3 Parkplätze
C3: Information, G4: Museum, B4/C4: Schule
Bahnhof: A2, Polizei: C4/D4, Denkmal: F4
Karte: 1 cm, Wirklichkeit: 60 m

LS M1 Symbolbilder auf Stadtplänen

A1 Auf einem Stadtplan siehst du verschiedene Symbolbilder.
Schreibe die passende Bedeutung unter die Symbole.

A2 Welche Symbolbilder gibt es auf eurem Stadtplan nicht? Kreist sie ein.
Welche findet ihr zusätzlich auf eurem Plan? Zeichnet sie ein.

LS M2 Orientierung auf dem Stadtplan

A1 Lies den Text.

A2 Markiere wichtige Schlüsselbegriffe.

Pläne sind immer nach Norden ausgerichtet.
Außerdem sind darauf die Straßen, verschiedenen Gebäude, Gewässer usw. verkleinert dargestellt. Deshalb findest du auf jeder Karte einen sogenannten Maßstab. Dieser sagt dir, wie groß die Entfernungen in Wirklichkeit sind.

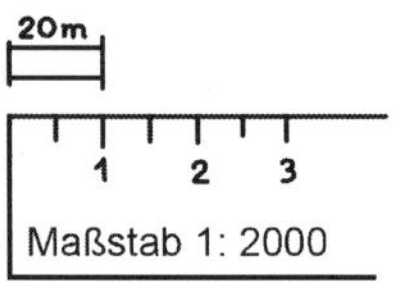

Der Maßstabsbalken steht am Rand der Karten. Dort kannst du mit einem Lineal nachmessen: Welcher Entfernung in der Wirklichkeit entspricht einem Zentimeter auf der Karte?

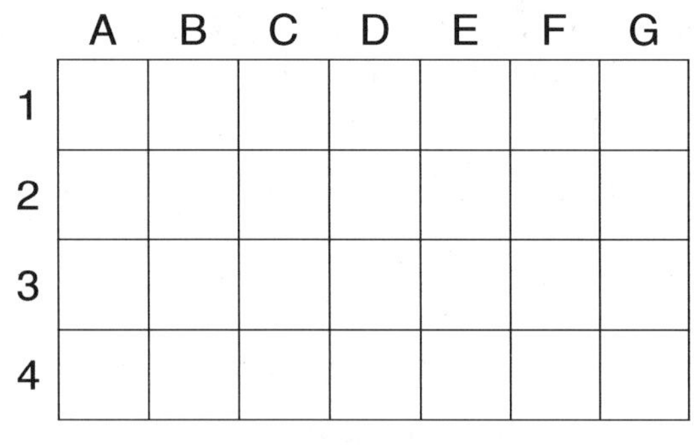

Pläne sind in Planquadrate eingeteilt.
Das heißt: Im Plan findet sich ein Gitternetz aus Zahlen und Buchstaben.

Jetzt findet auch eine Person, die den Ort nicht kennt, jedes Gebäude oder jede Straße auf dem Stadtplan. So besitzt z. B. jede Straße oder jedes Gebäude, alphabetisch geordnet, ein oder mehrere Planquadrate.
Die Bezeichnung eines Planquadrates setzt sich aus einem Buchstaben und einer Ziffer zusammen: A1, B4, E2.

A3 Betrachte den Plan ganz genau. Beantworte dann die Fragen.

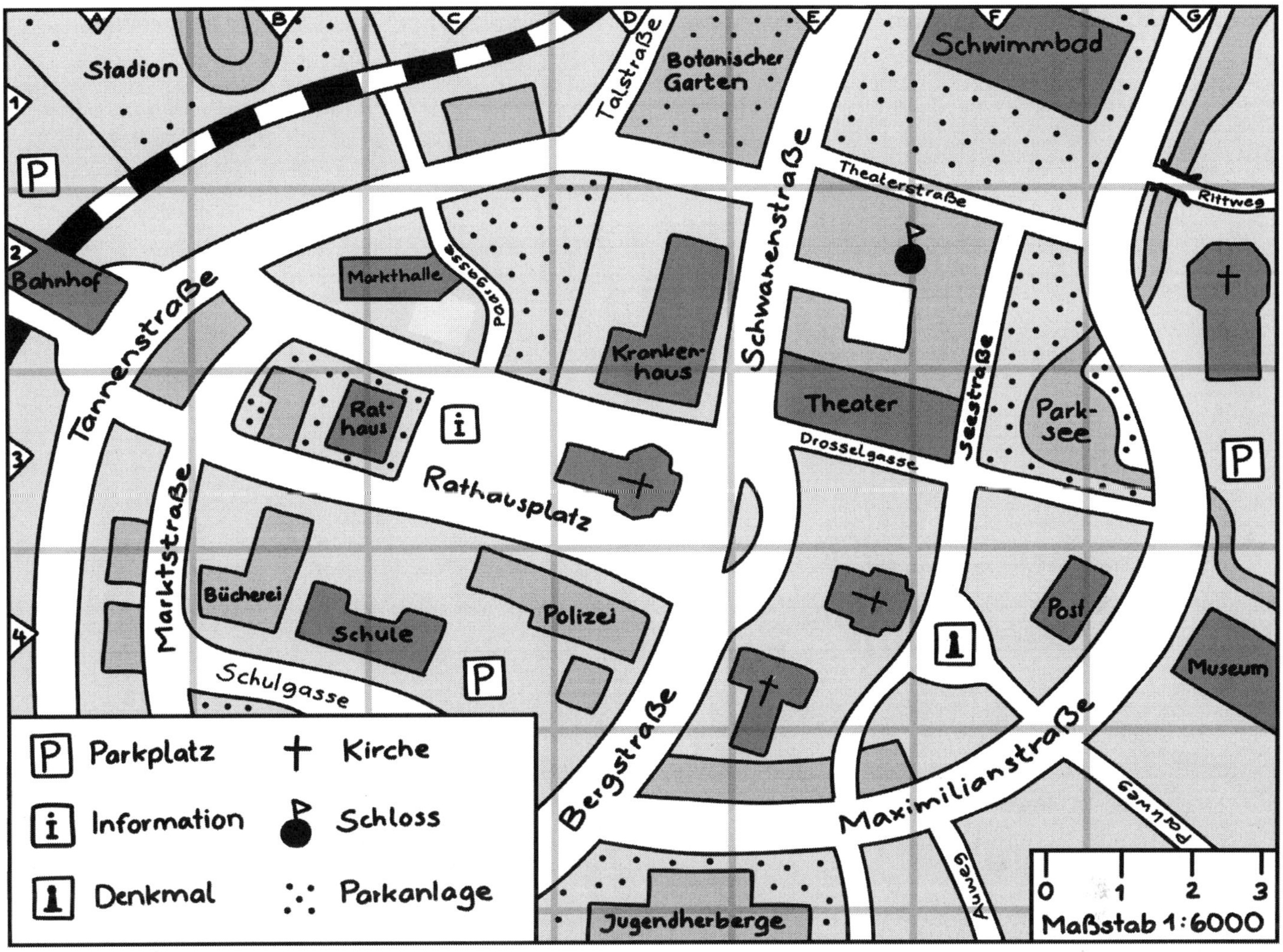

Wie viele Kirchen gibt es auf dem Plan? ______________________

Wie viele Parkplätze sind auf dem Plan zu sehen? ______________________

Was liegt in diesen Planquadraten?

C3: ______________________ G4: ______________________

B4, C4: ______________________

In welchen Planquadraten liegt …?

der Bahnhof: ______________________ die Polizei: ______________________

das Denkmal: ______________________

Beim Maßstab 1: 6000 ist alles 6000-mal kleiner als in Wirklichkeit.

Das bedeutet: 1 cm auf der Karte entspricht 60 m in Wirklichkeit.

Miss die Entfernung zwischen Rathaus und Schule.

Entfernung auf der Karte: ______________________

Entfernung in Wirklichkeit: ______________________

Ämter und Aufgaben einer Gemeinde

		Zeitrichtwert	Lernaktivitäten	Material	Kompetenzen
1	PL	5'	L gibt einen Überblick über den Ablauf der Stunde.		– aktiv zuhören – in der Gruppe zielgerichtet und konstruktiv zusammenarbeiten – sich mit Gruppenmitgliedern/ Partnerkind einigen – Gesprächsregeln einhalten – die Arbeitszeit im Blick behalten und gut einteilen können – einen Sachtext erschließen – mit den grundlegenden Ämtern und Aufgaben einer Gemeinde vertraut sein – die Aufgabenbereiche einer Gemeinde kennen
2	PL	10'	S überlegen mit der Fischgrätmethode, welche Ämter im Rathaus zu finden sind und welche Aufgaben sie haben.	Tafel	
3	EA	10'	S lesen den Text und markieren Schlüsselbegriffe.	M1	
4	PA/ PL	10'	S klären erst mit dem Partnerkind und anschließend im Plenum wichtige Begriffe.	M1, M2	
5	PA	15'	S ordnen den Ämtern die passenden Aufgaben zu und ergänzen Ämter und Aufgaben des Wohnortes.	M3	
6	PL	10'	S besprechen die Arbeitsergebnisse.		
7	EA	10'	S notieren Fragen an die Bürgermeisterin bzw. den Bürgermeister.	M4, A6-Karten	
8	PA/ GA	10'	S sortieren zuerst mit einem Zufallspartnerkind doppelte Fragen aus, anschließend erneut mit einem weiteren Zufallsteam.		
9	PL	10'	S ordnen die Fragen nach Oberthemen an der Tafel. L wertet die Fragen aus und erstellt eine Übersicht.	M5	

✓ Merkposten

Für den 7. Arbeitsschritt Karten (A6-Format) für die Fragen bereitlegen.

Für den 9. Arbeitsschritt Magnete oder Klebeknete bereithalten.

Tipp

Den Besuch bei der Bürgermeisterin bzw. beim Bürgermeister frühzeitig anmelden. Meist möchten diese vorab den Fragenkatalog sehen, um sich darauf einstellen zu können.

Erläuterungen zur Lernspirale

Ziel der Doppelstunde ist die genauere Beschäftigung mit den Ämtern und Aufgaben einer Gemeinde. Zur Vorbereitung eines Rathausbesuches werden Fragen gesammelt und für ein Interview strukturiert.

Zum Ablauf im Einzelnen:

Im **1. Arbeitsschritt** gibt die Lehrkraft einen Überblick über den Ablauf der bevorstehenden Stunde.

Im **2. Arbeitsschritt** überlegen die Kinder im Plenum mittels Fischgrätmethode an der Tafel, welche Ämter es im Rathaus gibt und welche Aufgaben sie erfüllen. Doppelungen sollten vermieden werden.

Im **3. Arbeitsschritt** lesen die Kinder einen Sachtext zu Aufgaben und Ämtern einer Gemeinde in Einzelarbeit und markieren wichtige Schlüsselbegriffe (M1).

Im **4. Arbeitsschritt** besprechen die Kinder kurz mit dem Partnerkind Unklarheiten, bevor im Plenum Begriffe geklärt werden. Zudem wird mit vorbereiteten Karten ein Schaubild entworfen (M2).

Im **5. Arbeitsschritt** ordnen die Kinder in Partnerarbeit den Ämtern passende Aufgaben zu (M3). Zu den Ämtern, die übrig bleiben, finden sie eigene Geschichten. Ämter des Wohnortes können ergänzt werden.

Im **6. Arbeitsschritt** besprechen die Kinder ihre Ergebnisse im Plenum mittels Staffettenpräsentation.

Im **7. Arbeitsschritt** sollen sich die Kinder in Einzelarbeit zur Vorbereitung eines Besuchs beim Bürgermeister bzw. der Bürgermeisterin Fragen überlegen (M4). Dabei wird jede Frage auf einer Karte notiert.

Im **8. Arbeitsschritt** sortieren die Kinder zunächst in Partnerarbeit, dann in einer Kleingruppe (gebildet aus einem weiteren Partnerteam) doppelte Fragen aus (Schneeballmethode).

Im **9. Arbeitsschritt** ordnen die Kinder die Fragen nach Oberthemen (M5).

Lösungen

M3.A1

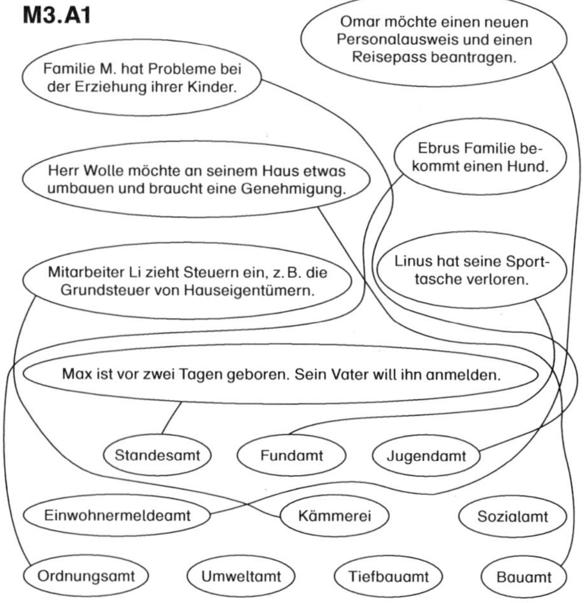

LS M1 Aufgaben und Ämter einer Gemeinde

A1 Lies den Text gut durch.

A2 Markiere wichtige Schlüsselbegriffe.

In einer Gemeinde wohnen Menschen zusammen. Diese bezeichnet man als Bürgerinnen und Bürger.

Ein Stadtrat oder Gemeinderat verwaltet die Gemeinde und vertritt die Interessen der Bürgerinnen und Bürger. Ein Bürgermeister oder eine Bürgermeisterin leitet die Gemeinde mit dem Stadtrat.

Sie beraten und entscheiden gemeinsam,
- wofür Geld ausgegeben werden soll,
- was gebaut wird,
- wie viele Steuern bezahlt werden.

Der Bürgermeister oder die Bürgermeisterin arbeitet im Rathaus, wo auch noch andere Verwaltungsangestellte tätig sind. Übrigens: Der Bürgermeister bzw. die Bürgermeisterin wird von den Bürgerinnen und Bürgern einer Gemeinde gewählt und vertritt die Stadt als erster Bürger bzw. erste Bürgerin. Die Personen im Gemeinderat werden ebenfalls gewählt, aber sie arbeiten ehrenamtlich. Das bedeutet, dass sie kein Gehalt bekommen, sondern nur eine Aufwandsentschädigung.

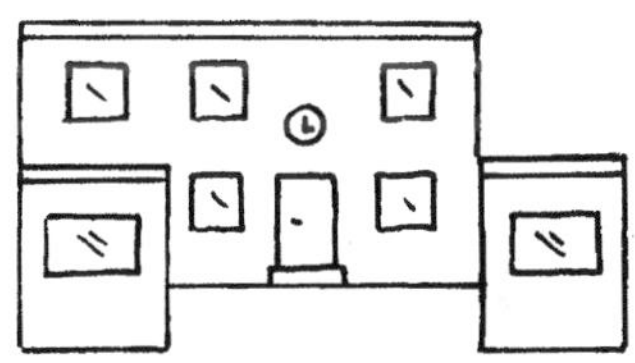

Im Allgemeinen muss eine Gemeinde für Sicherheit und Ordnung sorgen (Polizei, Feuerwehr), für Spielplätze und Grünanlagen (Parks), für den Bau von öffentlichen Gebäuden (z. B. Theater, Sportplatz, Schwimmbäder) und für die Schulen und ihre Ausstattung.

Um all die Kosten bewältigen zu können, nimmt die Gemeinde von den Bürgerinnen und Bürgern über Steuern Geld ein. Es gibt zum Beispiel die Grundsteuer, wenn jemand Wohneigentum besitzt, die Gewerbesteuer von Firmen und die Hundesteuer.

Außerdem verlangt eine Gemeinde Gebühren für z. B. die Müllabfuhr, das Abwasser, die Straßenreinigung oder den Friedhof.
Zudem erhält sie Einnahmen über Bußgelder, wenn z. B. jemand falsch geparkt hat.

Dazu gibt es noch Zuschüsse vom Land (Bundesland) oder vom Bund.

LS M2 Karten

Gemeinde	Bürgermeister	Bürgermeisterin
Bürgerinnen und Bürger	Gemeinderat	Stadtrat
Aufgaben	entscheiden / beraten	Steuern
Ausgaben für Baumaßnahmen	Sicherheit und Ordnung	Gebühren
Bußgelder	wählen	Zuschüsse

LS M3 Im Rathaus

A1 Malt das Amt und die dazugehörende(n) Aufgabe(n) mit derselben Farbe an.

A2 Überlegt euch kleine Geschichten zu den Ämtern, die noch übrig sind.

A3 Welche Ämter gibt es noch in eurer Gemeinde? Ergänzt.

Ebrus Familie bekommt einen Hund.

Omar möchte einen neuen Personalausweis und einen Reisepass beantragen.

Familie M. hat Probleme bei der Erziehung ihrer Kinder.

Mitarbeiter Li zieht Steuern ein, z. B. die Grundsteuer von Hauseigentümern.

Herr Wolle möchte an seinem Haus etwas umbauen und braucht eine Genehmigung.

Linus hat seine Sporttasche verloren.

Max ist vor zwei Tagen geboren. Sein Vater will ihn anmelden.

Standesamt | Fundamt | Jugendamt | Bauamt

Einwohnermeldeamt | Kämmerei | Sozialamt

Ordnungsamt | Umweltamt | Tiefbauamt

LS M4 Fragen an den Bürgermeister oder die Bürgermeisterin

A Welche Fragen hast du an den Bürgermeister oder die Bürgermeisterin deines Heimatortes? Schreibe jede Frage auf eine Karte.

Beispielfragen

Wie alt sind Sie?

Welchen Beruf hatten sie, bevor Sie Bürgermeisterin bzw. Bürgermeister wurden?

Wie viele Mitarbeiter haben Sie im Rathaus?

Wie viele Einwohner hat unser Ort?

Wie alt sind die Einwohner unseres Ortes?

Wie kann man Bürgermeisterin oder Bürgermeister werden?

Welche Schulbildung/Ausbildung ist dafür nötig?

Wie sieht ein typischer Tag bei Ihnen aus?

Welche Voraussetzungen und Fähigkeiten erfordert das Amt der Bürgermeisterin bzw. des Bürgermeisters?

Was sind Ihre Aufgaben?

Bekommt man Geld für die Arbeit als Bürgermeisterin bzw. als Bürgermeister?

Was sind Ihre Arbeitszeiten?

Wie lange sind Sie schon im Amt?

Seit wann sind Sie Bürgermeisterin bzw. Bürgermeister?

Was sind Ihre Ideen für die Zukunft der Stadt?

Welche Hobbys haben Sie?

Tauschen Sie sich mit anderen Bürgermeisterinnen und Bürgermeistern aus?

Was sind ihre Pläne für unsere Schule?

LS M5 Fragen an den Bürgermeister oder die Bürgermeisterin: Oberthemen

Privat	Stellenprofil
Fragen zur Stadt	Fragen zum Rathaus

Die Geschichte unseres Ortes

		Zeitrichtwert	Lernaktivitäten	Material	Kompetenzen
1	PL	5'	L gibt einen Überblick über den Ablauf der Stunde.		– aktiv zuhören – in der Gruppe zielgerichtet und konstruktiv zusammenarbeiten – Gesprächsregeln einhalten – gezielt nach Informationen suchen – vor der Klasse präsentieren – Arbeitszeit einteilen können – Feedback annehmen bzw. geben – sich mit der Stadtgeschichte in Ansätzen auseinandersetzen – Bilder auswerten und interpretieren
2	PL	10'	L zeigt S einige historische Quellen zum Wohnort sowie das Wappen des Ortes. Die S äußern sich dazu.	verschiedene Quellen	
3	GA	40'	S recherchieren in Expert*innengruppen mit unterschiedlichen Aspekten der Stadtgeschichte.	M1–M8, Internetzugang	
4	PL	30'	Die einzelnen Gruppen stellen ihre Ergebnisse in einem Vortrag vor.	M9	
5	PL	5'	Evtl. könnte themenübergreifend ein kleines Quiz erfolgen.		

✓ Merkposten

Für den 2. Arbeitsschritt vorab verschiedene historische Quellen besorgen.

Für den 3. Arbeitsschritt sollten verschiedene Bücher, Flyer, Bilder Prospekte Fotos zur Ortsgeschichte für die jeweiligen Themen bereitgestellt werden sowie Sagen vorher herausgesucht werden und Straßenschilder als Foto zur Verfügung gestellt werden.

Tapetenrolle für die Zeitleiste bereitstellen.

Tipp

Über die Zusammensetzung der Gruppen sollte man sich vor der Stunde Gedanken machen.

Vereinfachte, kurze Texte zur Stadtgeschichte vorhalten, ist meist in den Schulen vorhanden.

Erläuterungen zur Lernspirale

Ziel der Doppelstunde ist die Erarbeitung eines Teilaspektes der Ortsgeschichte in Expert*innengruppen mit abschließender Präsentation im Plenum.

Zum Ablauf im Einzelnen:

Im **1. Arbeitsschritt** gibt die Lehrkraft einen Überblick über den Ablauf der bevorstehenden Stunde.

Im **2. Arbeitsschritt** zeigt die Lehrkraft im Kinokreis verschiedene historische Quellen (Realien/ Bilder) zum Wohnort, aber auch das Wappen der Stadt. Die Kinder äußern sich dazu. Alternativ könnte auch eine Expertenperson von der Gemeinde einen Kurzvortrag halten.

Im **3. Arbeitsschritt** beschäftigen sich die Kinder in Zufallsgruppen (3–4 Personen) oder nach Interesse mit einem Teilaspekt der Ortsgeschichte (M1–M8). Die Lehrkraft steht beratend zur Seite und gibt notfalls Tipps. Sie besprechen zudem, wie sie die Präsentation (M9) organisieren: Welche Bilder werden eingesetzt? Wer übernimmt Sprechanteile? Wer zeigt die Bilder während des Vortrages? Wer beantwortet mögliche Fragen nach dem Vortrag? Stichpunkte für den Vortrag notieren die Kinder auf kleine Karten. Außerdem sollten sie ihren Vortrag üben. Vorab sollte sich die Lehrkraft Gedanken machen, wie die Gruppen zusammengesetzt werden, denn eine Mischung aus geübten und weniger Lesekindern ist nötig, um ansprechende Ergebnisse zu erzielen. Zudem müssen die Kinder lernen, mit der zur Verfügung stehenden Arbeitszeit zurechtzukommen. Die Lehrkraft sollte vorab auch schon kleine Materialpakete (Fotos, Bilder, einfachere Texte) packen und diese den Gruppen bereitstellen. Geschichtsthemen sind zumeist etwas kompliziert formuliert, einige Städte bieten aber meist etwas für Kinder an; insbesondere diejenigen, die touristisch gut besucht sind.

Im **4. Arbeitsschritt** präsentieren die Gruppen die unterschiedlichen Themenaspekte. Ein oder zwei Kinder tragen vor, während ein weiteres Gruppenmitglied passende Bilder zeigt und eine vierte Person mögliche Rückfragen beantwortet.

Im **5. Arbeitsschritt** könnte je nach Zeit noch ein kleines Quiz zu allen vorgestellten Themengebieten erfolgen.

Beispiele: Wie heißt die bekannteste Sage? Was ist das Traditionsessen der Stadt? Welche Zutaten braucht man? Was bedeuten die Farben im Wappen? Wie alt ist der Ort? Wer hat den Ort gegründet? Wann wurde er gegründet? Wann gab es das erste Telefon im Ort? Nenne einen Prominenten aus dem Ort. Welche Brauchtumsfeste gibt es? Warum werden sie gefeiert? Was bedeutet das Straßenschild Färbergasse?

Notizen:

LS M1 Stadtgeschichte

A1 Informiert euch über wichtige Ereignisse der Stadtgeschichte.

A2 Beginnt mit der Gründung:
Wann wurde die Stadt gegründet?
Von wem wurde sie gegründet?
Warum wurde sie gerade dort gegründet?
Wann wurde der Ort erstmals in einer Urkunde erwähnt?
Woher kommt der Ortsname? Was bedeutet er?

Weitere mögliche Punkte in der Stadtgeschichte:

- Abriss von Gebäuden
- Brände in der Geschichte
- Flughafen / U-Bahn
- Bau von Denkmälern
- Bau von Gebäuden
- Ausstellungen
- besondere Veranstaltungen

Mögliche Präsentationsformen:

a) Präsentiert eure Ergebnisse in einer Zeitleiste. Beginnt dazu mit der Gründung des Ortes.
- Ihr könnt eine Zeitleiste z. B. auf eine Tapetenrolle zeichnen.
- Wählt dazu eine Einteilung für die Jahrhunderte, z. B. für 100 Jahre ein Meter auf der Rolle.
- Wenn euer Ort schon sehr alt ist, müssten die Jahrhunderte verkleinert dargestellt werden – z. B. könnten 100 Jahre 10 cm entsprechen.
- Stellt wirklich nur die allerwichtigsten Ereignisse eures Ortes vor, denn sonst wird die Rolle zu unübersichtlich.

b) Ihr könnt einen Film drehen, in dem ein Nachrichtensprecher ein äußerst wichtiges Ereignis aus der Stadtgeschichte nennt. Im Hintergrund könnten dann entsprechende Bilder gezeigt werden. Oder wenn es um eine berühmte Person geht, könnte auch jemand in die Rolle schlüpfen und dem Nachrichtensprecher in einem Interview Fragen beantworten.

c) Denkbar ist auch eine Zusammenstellung wichtiger Ereignisse auf einer Infotafel.

Während des Vortrages ist es möglich, jede der drei Präsentationsformen mit einzubinden.

LS M2 Das Wappen

A Zeichnet das Wappen der Stadt möglichst genau ab.
Verwendet die passenden Farben.

So sieht das Wappen meines Heimatortes aus:

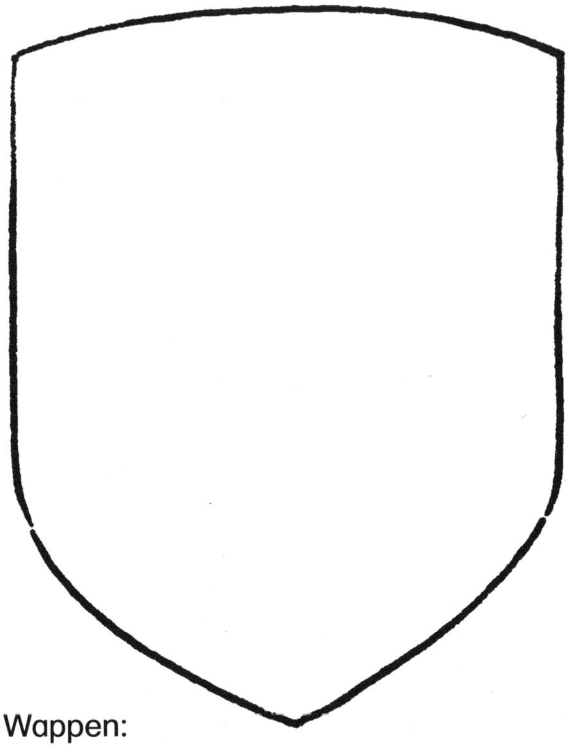

Das ist dargestellt auf dem Wappen:

____

____

____

Bedeutung des Stadtwappens (Farben, Symbole):

____

____

____

Entstehung des Stadtwappens:

____

____

____

LS M3 Straßenschilder und ihre Herkunft

Straßenschilder eines Ortes geben uns Hinweise zur Herkunft ihres Namens.

Sie verweisen auf

- Namen von berühmten Personen:
  Mozartgasse
  (Dichterinnen / Dichter, Politikerinnen / Politiker, Musikerinnen / Musiker, …)
- Landschaftliche Besonderheiten:
  Geisterholz, Wallstraße
- Gebäude:
  Domplatz, Schlossstraße
- Berufe aus früherer Zeit waren dort ansässig:
  Webergasse, Alter Markt, Auf der Bleiche
- Städtische Einrichtungen:
  Bahnhofsstraße, Friedhofsstraße, Rathausstraße

A1 Sucht euch ein bis zwei Straßenschilder eures Ortes aus.

A2 Findet heraus:
Worauf geht der Name zurück?
Wer lebte früher dort?
Stehen dort bestimmte Gebäude?
Was wurde früher in dieser Straße gemacht?

A3 Ihr könnt auch Anwohner befragen, alte Ortspläne ansehen, Textquellen aus dem Rathaus sichten oder jemanden aus dem Stadtarchiv befragen (z. B. per E-Mail oder Telefon).

A4 Notiert eure Ergebnisse in einem kleinen Flyer. Klebt auch das Straßenschild dazu.

LS M4 Spezialitäten mit Tradition

Oft haben Orte/Regionen ganz besondere Gerichte.
Gibt es ein typisches Gericht in deinem Ort/in deiner Region?

A1 Recherchiert, wie das Gericht heißt.

A2 Gestaltet eine Rezeptseite.
Welche Zutaten enthält es?
Wie wird es zubereitet?

LS M5 Brauchtumsfeste

In manchen Orten werden Feste (Kirmes, besondere Märkte, Stadtfeste) gefeiert, die es nur dort gibt und eine lange Tradition haben.
In München ist das zum Beispiel das Oktoberfest. In Nürnberg gibt es einen ganz berühmten Weihnachtsmarkt, den Nürnberger Christkindlesmarkt. Viele Orte haben auch Mittelaltermärkte.

A1 Welches Fest gibt es in deinem Ort?
Wo liegt der Ursprung des Festes?
Warum und wann wird das Fest gefeiert?
Wie wird das Fest gefeiert? Was gibt es dort zu sehen?
Wie lange wird gefeiert?
Haben sich die Feiern im Laufe der Zeit verändert?

A2 Notiert eure Ergebnisse in einem kleinen Flyer. Klebt auch Fotos dazu.

LS M6 Berühmte Persönlichkeiten

Vielleicht kommen aus eurem Ort Menschen, die weltberühmt oder zumindest sehr bekannt geworden sind.

A1 Sucht euch eine sehr bekannte Person aus und recherchiert zu dieser Person mithilfe der Suchmaschinen bzw. im ausliegenden Material.

A2 Füllt den Steckbrief aus.

Name: ______________________________

Geboren: ______________________________

Gestorben: ______________________________

Beruf: ______________________________

Besondere Leistungen / Bekannt durch:

____

____

____

Wichtige Ereignisse im Leben:

____

____

____

____

____

____

____

____

____

LS M7 Sagen und Geschichten meines Heimatortes

In vielen Gegenden und Orten gibt es Geschichten, die teilweise wunderhafte Züge aufweisen. Der Kern in diesen Geschichten ist wahr. Dies kann ein Ort, ein Turm, eine Burg oder eine Person sein, die gelebt hat, aber auch ein früheres Ereignis. Um diese realen Zustände haben sich die Menschen Geschichten ausgedacht und immer wieder weitererzählt. Man nennt diese Geschichten Sagen.

Vielleicht kennst du die Sage vom Rattenfänger von Hameln, von Till Eulenspiegel oder die Sage von der Loreley?

A1 Sucht Sagen und Geschichten über euren Ort oder die Umgebung.

A2 Gestaltet mit den Geschichten eine Collage.
Ihr könnt euch auch für eine Geschichte entscheiden und passende Bilder dazu aufkleben, wie z. B. Orte, die genannt werden, oder Personen.

LS M8 Stadtansichten früherer Zeiten

A1 Wählt ein oder zwei alte Fotos eurer Stadt aus.

A2 Notiert, was ihr auf den Fotos seht.

A3 Schaut euch nun genau diese Stadtansicht aus heutiger Zeit an.
Vergleicht die beiden Ansichten miteinander:
- Was hat sich verändert?
- Was ist gleichgeblieben?
- Warum hat es sich verändert?

LS M9 Einen Vortrag vorbereiten und halten

- Überlegt, welche Informationen ihr einsetzen wollt und wo es Informationen zu eurem Thema gibt.
- Interview von Personen, Internet: Suchmaschine, Stadtarchiv, Homepage der Stadt, Flyer und Prospekte, Reiseführer über die Stadt
- Notiert wichtige Infos in Stichpunkten.
- Ordnet die Stichpunkte nach Oberbegriffen und in sinnvoller Reihenfolge.
- Zusammengehörende Stichpunkte sollten auf einer Karte stehen.
- Überlegt, ob und in welchem Zusammenhang ihr etwas zum Betrachten zeigen wollt (Abbildungen, Fotos, Plakat, Film, ...).
- Entscheidet vorher, welche Präsentationsform ihr einsetzen möchtet.
- Überlegt euch einen Einleitungssatz und einen Schlusssatz für den Vortrag.
- Besprecht in eurem Team, wer welchen Teil vorträgt (gleichwertige Sprechanteile), und übt jeder euren Teil.
- Ordnet Materialien und legt sie so bereit, wie ihr sie während des Vortrages braucht.
- Sprecht laut, langsam und deutlich. Schaut dabei die Zuhörer an.
- Redet in ganzen Sätzen und legt Pausen ein.
- Gebt den Zuhörern die Möglichkeit, Fragen zu stellen.
- Die Zuhörer sollten abschließend beurteilen, was ihnen gefallen hat und was nicht (Feedback). Vielleicht können sie darüber hinaus weitere Tipps geben.

Sehenswürdigkeiten-Steckbrief

		Zeitrichtwert	Lernaktivitäten	Material	Kompetenzen
1	PL	5'	L gibt einen Überblick über den Ablauf der Stunde.		– aktiv zuhören – Stichpunkte zur gewählten Sehenswürdigkeit notieren – vor der Klasse präsentieren – zielgerichtet und organisiert mit Zufallspartnerkind und in der Gruppe arbeiten und kooperieren – die Arbeitszeit gut einteilen können – Umgang mit digitalen Medien vertiefen – einem Sachtext Informationen entnehmen
2	PL	10'	S erraten mit dem Spiel „Dalli-Klick“ Sehenswürdigkeiten ihres Ortes.	Fotos	
3	PL/ EA	5'	S überlegen, welche Sehenswürdigkeiten es in ihrem Ort gibt. Fotos der genannten Sehenswürdigkeiten werden in einem Cluster an die Tafel gehängt.	M1	
4	PA	20'	S recherchieren in Partnerarbeit zu einer zugelosten Sehenswürdigkeit.		
5	GA	15'	Zwei themengleiche Tandems tauschen ihre Informationen aus und bereiten eine kleine Präsentation vor.	A6-Karten	
6	PL	20'	Pro Sehenswürdigkeit präsentiert eine Gruppe ihre Sehenswürdigkeit in der Art eines Steckbriefes in einem kurzen Vortrag. S machen sich Notizen.	M2	
7	PL	5'	Die Notizen zu den einzelnen Sehenswürdigkeiten werden von einzelnen S vorgestellt.		
8	EA	10'	S kleben zu jeder Sehenswürdigkeit ein Bild in ihre Vorlage.	M3	

✓ **Merkposten**

Für den 3. Arbeitsschritt werden Tablets/PCs benötigt. Abbildungen ausdrucken oder direkt per Beamer zeigen.

Für den 5. Arbeitsschritt Karten im A6-Format für Stichpunkte bereitlegen.

Für den 6. Arbeitsschritt werden Tablets/PCs benötigt.

Tipp

Es muss vorher überlegt werden, wie sich die Tandems zusammensetzen sollen (starke und schwache Kinder mischen).

Erläuterungen zur Lernspirale

Ziel der Doppelstunde ist das Kennenlernen der Sehenswürdigkeiten des Heimatortes, indem sich die Kinder mit einer Sehenswürdigkeit genauer auseinandersetzen und diese den anderen vorstellen.

Zum Ablauf im Einzelnen:

Im **1. Arbeitsschritt** gibt die Lehrkraft einen Überblick über den Ablauf der Stunde.

Im **2. Arbeitsschritt** erraten die Kinder verschiedene Sehenswürdigkeiten. Es sollte sich um eine Mischung aus zentralen und weniger bekannten Sehenswürdigkeiten handeln.

Im **3. Arbeitsschritt** überlegen die Kinder, welche Sehenswürdigkeiten es im Ort gibt, und notieren diese (M1). Die Lehrkraft hängt dazu passende Fotos an die Tafel, sodass ein buntes Cluster entsteht.

Im **4. Arbeitsschritt** erarbeitet je ein Tandem eine Sehenswürdigkeit und sammelt Infos dazu.

Im **5. Arbeitsschritt** tauschen zwei themengleiche Tandems ihre Infos aus. Sie besprechen zudem, wie sie die Präsentation organisieren: Welche Bilder werden gezeigt? Wer übernimmt Sprechanteile? Wer zeigt die Bilder während des Vortrages? Wer beantwortet Fragen nach dem Vortrag? Stichpunkte für den Vortrag notieren die Kinder auf kleinen Karten. Außerdem sollen sie den Vortrag üben.

Im **6. Arbeitsschritt** stellt jede Gruppe ihre Sehenswürdigkeit in der Art eines Steckbriefes (M2) vor. Zwei Kinder tragen vor, während ein weiteres Gruppenmitglied passende Bilder zeigt und eine vierte Person Fragen beantwortet. Zeitlich ist dies abhängig von der Anzahl der Sehenswürdigkeiten im Heimatort. Während des Vortrages notieren die Kinder wichtige Stichpunkte. Alternativ kann die Gruppe ihren Steckbrief anheften, damit er ins Tafelschaubild integriert wird. So könnten die Kinder notfalls auch später Stichpunkte ergänzen.

Im **7. Arbeitsschritt** vergleichen die Kinder ihre Notizen zu den einzelnen Sehenswürdigkeiten. Jeweils ein Kind nennt nur die wichtigsten Schlagworte.

Im **8. Arbeitsschritt** kleben die Kinder in ihre Vorlage (M3) jeweils das Bild der passenden Sehenswürdigkeit dazu. Diese sollte die Lehrkraft schon für den 6. Arbeitsschritt vervielfältigt haben. Alternativ zur „Himmel und Hölle“-Version kann auch ein kleiner Minireiseführer zum Tackern erstellt werden. Auch dieser sollte jedem Kind vor den Vorträgen zur Verfügung stehen.

Notizen:

LS M1 Sehenswürdigkeiten meines Ortes

A1 Lies den Text gut durch.

Jeder Ort hat Sehenswürdigkeiten zu bieten. Manche Sehenswürdigkeiten sind in Deutschland oder sogar auf der ganzen Welt bekannt. Sie können auch zum Wahrzeichen eines ganzen Landes werden, wie z. B. der Eiffelturm in Paris.

Das können Sehenswürdigkeiten sein:

- Brunnen
- Brücken
- Burgen
- Kirchen
- Parks
- Türme
- Kunstwerke
- Zoos
- Denkmäler
- Statuen
- Natur
- Stadtmauern
- Gebäude
- Straßen/Gassen
- Friedhöfe
- Museen
- Schlösser
- Häuser berühmter Personen
- Fahrzeuge
- Stadtviertel

A2 Notiere Sehenswürdigkeiten, die dir zu deinem Heimatort einfallen.

LS M2 Steckbrief zu meiner Sehenswürdigkeit

Name: ______________________

Maße der Sehenswürdigkeit (Größe, Höhe, Breite, Länge, Tiefe): ______________________

____

Datum des Baus: ______________________

Von: ______________________

Funktion früher (z. B. Wohnhaus, Herrschaftssitz) und heute (z. B, Museum, Hotel):

______________________ ______________________

Was gibt es dort zu sehen? (Nähere Beschreibung, Aussehen)

____

Interessantes an diesem Ziel:

____

Lage der Sehenswürdigkeit (Adresse):

____

Eintrittspreise:

____

Öffnungszeiten:

____

Homepage für weitere Infos: ______________________

LS M3 Vorlage: Himmel und Hölle

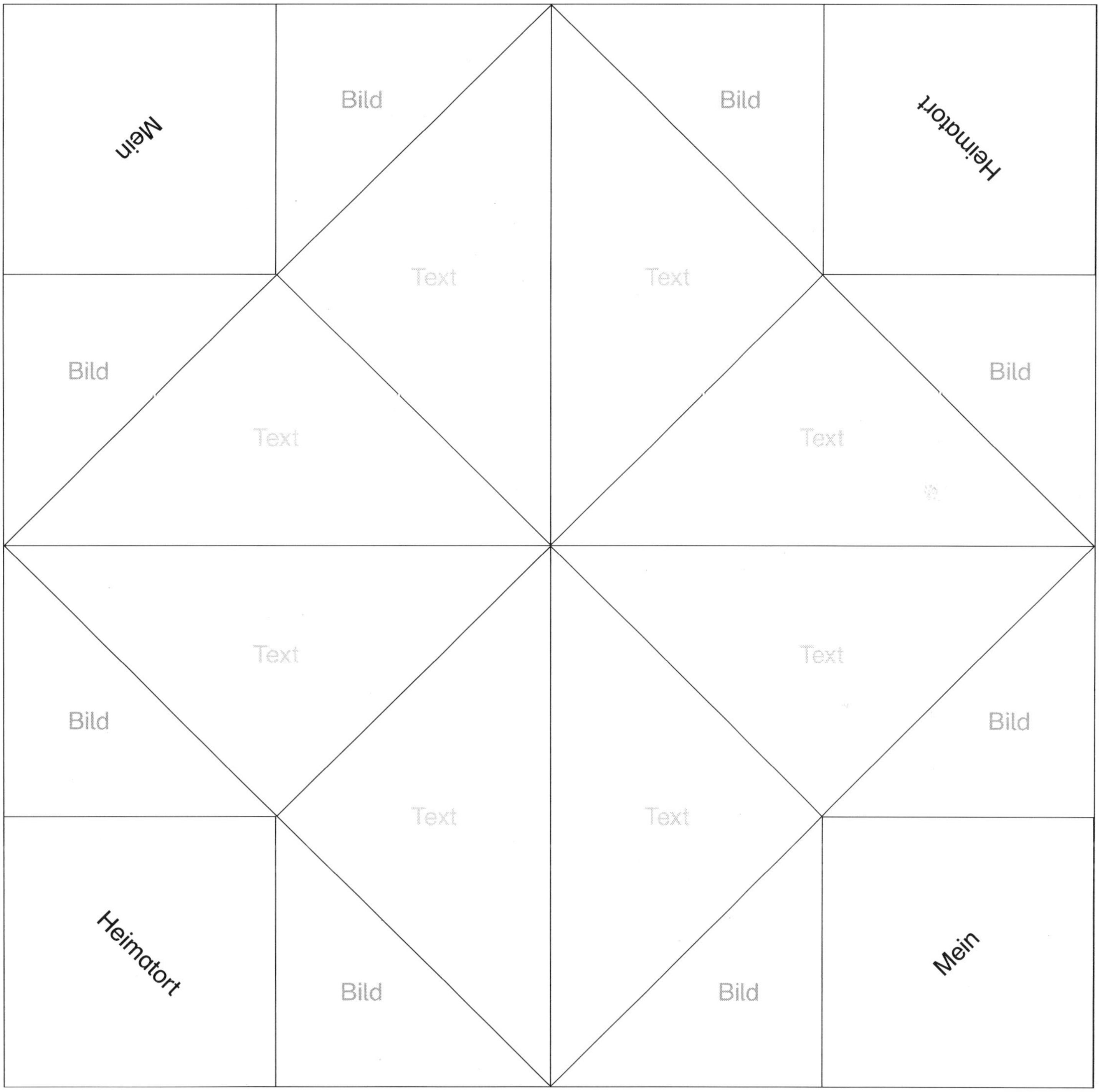

Gemeindeleben: Aktiv und vielfältig

		Zeitrichtwert	Lernaktivitäten	Material	Kompetenzen
1	PL	5'	L gibt einen Überblick über den Ablauf der Stunde.		– aktiv zuhören – zielgerichtet, konzentriert und konstruktiv mit einem Partnerkind zusammenarbeiten – Sachinformationen gezielt suchen, auswählen und verarbeiten – selbstorganisiert bzw. selbstständig das Triarama gestalten – das Ergebnis vor der Klasse präsentieren – Nachfragen beantworten können – Ergebnisse bewerten und eine Meinung dazu bilden können – die Meinung begründet vertreten – Feedback annehmen können
2	EA	15'	S notieren Ideen bzgl. des Gemeindelebens mithilfe der Methode 4-Ecken-Abfrage.	große Plakate, Musik	
3	PL	10'	L stellt alle vier Plakate vor.		
4	PA	30'	S fertigen mit einem Partnerkind ein Triarama an. Vorab wird kurz geklärt, welche Basisinfos für neu Zugezogene unbedingt notwendig sind.	M1–M8 DIN-A4-Papier	
5	PL	20'	S stellen ihre Triaramas in einem Galeriegang aus. Eine Person aus jedem Team bleibt stehen für evtl. Rückfragen bzw. Erklärungen.	Triaramas	
6	EA	5'	S überlegen für sich, welche drei Präsentationen ihnen am besten gefallen haben. Sie verteilen ihre Punkte.	Klebepunkte	
7	PL	5'	S besprechen die Bepunktung im Plenum.		

✓ Merkposten

Für den 4. Arbeitsschritt Papier im DIN-A4-Forma (evtl. schon vorher zuschneiden als Triarama-Vorlage).

Material:

Adressbücher, Telefonbücher, Flyer von Vereinen, Tablets/PCs zur Recherche bzw. Möglichkeit zum Ausdrucken von Bildern

Bei Wahl eines Stationslaufes M1–M8 laminieren und ein kleines Heft und Deckblatt bereitlegen (Art Adressbuch).

Tipp

Es ist hilfreich, wenn die Kinder vorab Infomaterial mitbringen: Vereine, Arbeit der Eltern (Firma).

Die Kinder sollten mit der Erstellung eines Triaramas vertraut sein.

Erläuterungen zur Lernspirale

Ziel der Doppelstunde ist die vertiefende Auseinandersetzung der Kinder mit dem Gemeindeleben ihres Heimatortes (Berufe, Vereine, Freizeitangebote). Somit gewinnen die Kinder einen besseren Einblick in ihren eigenen Ort.

Zum Ablauf im Einzelnen:

Im **1. Arbeitsschritt** gibt die Lehrkraft einen Überblick über den Ablauf der bevorstehenden Stunde.

Im **2. Arbeitsschritt** notieren die Kinder ihre Gedanken bzgl. des Gemeindelebens mithilfe der 4-Ecken-Abfrage. Teilthemen sind: Vereine, Freizeitmöglichkeiten, Firmen/Betriebe, Schule. Die Kinder müssen nicht an jedem Plakat gewesen sein. Dazu läuft leise Musik.

Im **3. Arbeitsschritt** stellt die Lehrkraft die Plakate kurz vor. Dabei treffen sich die Kinder im Kinokreis. Die Kinder können Anmerkungen machen bzw. ergänzen. Es wird gemeinsam überlegt, welche Basisinfos neu Zugezogene bzgl. der unterschiedlichen Aktivitäten haben müssten.

Im **4. Arbeitsschritt** entscheiden sich die Kinder mit einem Partnerkind für eine Facette des Gemeindelebens (darauf achten, dass sich nichts doppelt!). In einem Triarama werden dazu Basisinfos zusammengestellt (M1–M8). Auch Ansprechpartner*innen, Adressen, Telefonnummern sollten nicht fehlen. Alternativ könnte die Lehrkraft einen Stationslauf mit Angeboten vorbereiten, d.h. die Karten M1–M8 und das Material dazu müssten an den Stationen bereitliegen. Mithilfe eines kleinen Heftes würden dann die Kinder die Stationen innerhalb einer festgelegten Zeit bearbeiten. Eine weitere Variante ist, dass Personen unterschiedlicher Einrichtungen in die Schule kommen und von ihrem Tun erzählen bzw. die Kinder stellen Rückfragen dazu. So könnten Vereine gleichzeitig für Nachwuchs werben. Bei Feuerwehr und Polizei wäre es anschaulicher, diese vor Ort zu besuchen.

Im **5. Arbeitsschritt** stellen die Kinder ihre Triaramas in einem Galeriegang aus. Dabei bleibt eine Person des Teams stehen und erklärt das Triarama, falls Fragen aufkommen.

Im **6. Arbeitsschritt** bepunkten die Kinder die ausgestellten Triaramas hinsichtlich Ausführlichkeit, Informationsgehalt und Ordentlichkeit. Dabei stehen ihnen je drei Klebepunkte zur Verfügung.

Im **7. Arbeitsschritt** besprechen die Kinder im Plenum mögliche Auffälligkeiten bei der Bepunktung bzw. geben Verbesserungsvorschläge

Notizen:

LS M1 Freizeitangebote

Welche Freizeitangebote gibt es in deinem Ort?
Was kosten diese?
Wie sind die Öffnungszeiten?
Was ist besonders für Kinder interessant/empfehlenswert?

LS M2 Unternehmen/Firmen/Industrie/Handwerk

Welche Firmen gibt es in deinem Ort?
Wie viele Menschen arbeiten dort?
Wie lange gibt es schon die Firmen?
Wer hat sie gegründet?
Warum haben sie sich gerade hier angesiedelt?
Was stellen die Firmen her? Was verkaufen sie?
Haben sich die Firmen im Laufe der Zeit verändert?
Wie viele Menschen arbeiten dort?

LS M3 Vereine

Welche Vereine gibt es in deinem Ort?
Was kann man dort unternehmen?
An wen kann man sich wenden? (Vorsitzende)
Kostet die Mitgliedschaft etwas?
Wie viele Mitglieder hat der jeweilige Verein?
Gibt es regelmäßige Treffen?

LS M4 Einkaufsmöglichkeiten

Welche Einkaufsmöglichkeiten/Geschäfte gibt es in deinem Ort?
Was kann man dort kaufen?
Wo liegen die Geschäfte?
Wie lange gibt es sie schon?

LS M5 Schule/Bildung

Welche Schulen gibt es im Ort?
Wann sind sie erbaut worden?
Wie viele Schüler gibt es?
Wo liegt die Schule?

LS M6 Gesundheit

Welche Ärzte gibt es im Ort für Mensch und Tier?
Wenn es ein Krankenhaus gibt, wann wurde es erbaut? Wie viele Menschen arbeiten dort?
Gibt es besondere Spezialabteilungen?
Ist euer Ort ein Kurort für bestimmte Krankheiten?

LS M7 Polizei

Wann wurde das Polizeigebäude errichtet?
Seit wann hat der Ort eine Polizeidienststelle?
Was sind die Aufgaben der Polizei?
Was sind die häufigsten Einsätze?
Wie sieht ein typischer Arbeitstag aus?
Wie viele Menschen arbeiten dort?
Wer leitet die Dienststelle?

LS M8 Feuerwehr

Wann wurde das Feuerwehrgebäude errichtet?
Seit wann besitzt der Ort eine eigene Feuerwehrwache?
Was sind die Aufgaben der Feuerwehr?
Was sind die häufigsten Einsätze?
Wie viele Menschen arbeiten in der Berufsfeuerwehr?
Wie groß ist die freiwillige Feuerwehr?
Wie viele Mitarbeiter besitzt die Leitstelle?
Welche Aufgaben hat die Feuerwehr?

Stadtrallye durch den Heimatort

		Zeitrichtwert	Lernaktivitäten	Material	Kompetenzen
1	PL	5'	L gibt einen Überblick über den Ablauf der Rallye und klärt wichtige Verhaltensregeln.		– aktiv zuhören – in der Gruppe zielgerichtet und konstruktiv zusammenarbeiten – Zufallspartnerkinder/Gruppenzusammensetzung akzeptieren bzw. lernen, damit umzugehen – sich mit Gruppenmitgliedern einigen – Zeit im Blick behalten – Karten als Orientierungshilfen nutzen – den eigenen Lebensraum erkunden und beschreiben – Umgebung genau wahrnehmen
2	GA	75'	S absolvieren die Rallye mit einer Aufsichtsperson.	Material für die Rallye	
3	PL	10'	S berichten im Plenum von ihren Erfahrungen auf der Rallye. Zudem werden die Rallyebögen besprochen. Die S erhalten eine Urkunde.	M3	

Erläuterungen zur Lernspirale

Ziel der Doppelstunde ist, dass die Kinder ihr Wissen bzgl. ihres Heimatortes vertiefen bzw. neue Erkenntnisse über ihre Stadt erlangen. Außerdem erweitern sie ihre Sozialkompetenz, da sie in Gruppen agieren und aufeinander angewiesen sind.

Zum Ablauf im Einzelnen:

Im **1. Arbeitsschritt** gibt die Lehrkraft einen Überblick über den Ablauf der bevorstehenden Rallye und klärt mit den Kindern wichtige Verhaltensregeln.

Im **2. Arbeitsschritt** absolvieren die Kinder in Gruppen (maximal fünf Personen) die Rallye. Dabei beantworten sie Fragen unterschiedlicher Art. Hinweise zur Vorbereitung, mögliche Varianten einer Rallye bzw. Fragen finden sich in M1 und M2. Zeitlich muss die Rallye nicht auf eine Stunde begrenzt sein, da dies abhängig von der Anzahl der Aufgaben bzw. der Vielfältigkeit/Größe des Ortes ist.

Im **3. Arbeitsschritt** erzählen die Kinder im Plenum im Sitzkreis von ihrer Rallye. Dabei nehmen sie sich in einer Meldekette gegenseitig dran. Zum Abschluss könnte jedes Kind eine Urkunde (M3) erhalten. Vielleicht gibt es auch bei der Stadt oder anderen Gewerbetreibenden kostenlose Werbepräsente (Bleistift etc.), die an die Kinder verteilt werden könnten. Eine Reflexion sollte auch nicht fehlen. Die Kinder könnten diese Phrasen nutzen:

- Besonders gut gefallen hat mir …
- Weniger gut gefallen hat mir …
- Ich habe neu erfahren ….
- Besonders interessant fand ich …
- Begeistert war ich …
- Schwierig war …
- Beim nächsten Mal könnte man …

Außerdem könnte thematisiert werden, wie die Kinder auf die Lösungen gekommen sind (genau hinschauen, Passanten befragen). Die Rallye kann auch den Anstoß liefern, dass die Kinder eine eigene Rallye vorbereiten, mit Stationen, die sie aus Kindersicht wichtig finden.

Notizen:

✓ **Merkposten**

Eltern ansprechen, besonders wenn es um größere Städte geht.

Material:

Smartphone/Digitalkamera

Stifte, Klemmbrett, Bögen, Stadtpläne, Notizblätter

Tipp

Manche Orte bieten vorgefertigte Rallyes an. Man kann sie als Grundlage für eine eigene individuelle Rallye nutzen.

Vorab sollte die Lehrkraft überlegen, wie sie die Gruppen zusammensetzt. Es wäre gut, wenn nicht immer die bekannten Zusammensetzungen agieren würden. So müssen die Kinder zusammenarbeiten, um die Stadtrallye gut zu bewältigen.

LS M1 Vorbereitungen

- einen Zeitrahmen für die Rallye festlegen
- Begleitpersonen um Unterstützung bitten – besonders in größeren Orten wichtig
- festlegen, welche Art von Rallye es sein soll:
  a) Fotorallye:
  - vorher Bildmotive fotografieren (eine bestimmte Anzahl, ca. 20 Fotos unterschiedlicher Art: Denkmal, Bürgermeister, Kirche, Statue, …)
  - anhand der Bildmotive (Variante: nur ein Detail des Motivs stark vergrößert, ist dann allerdings schwieriger) laufen die Kinder eine festgelegte Route ab und erledigen passend dazu Aufgaben (eine Fotorallye ist auch besonders für Leseschwache und Jüngere geeignet):
    Was steht auf dem Denkmal? Wer wohnt hinter dieser Haustür?
    Wie viele Fenster hat die Kirche? Welche Person ist hier abgebildet?
  - Variante: der Lehrkraft ein Beweisfoto zuschicken, dass man den Entstehungsort des Fotos gefunden hat (z. B. Gruppe macht ein Selfie davor).

  b) Schnitzeljagd: an jeder Station Hinweise für die nächste Station.
  c) Historische Stadtrallye: Mithilfe eines Stadtplanes und eingezeichneter Stationen wandeln die Kinder auf den Spuren einer historischen Persönlichkeit des Ortes (Geburtshaus, Wirkungsstätten, verschiedene Werke).
- Route vorher abgehen, um die Zeit einzuschätzen
- Gruppen bzw. Gruppengröße und Zusammensetzung festlegen
- Fotoapparate / Handys / Block / Stifte, Pläne als Materialpakete fertigstellen
- Andere Ideen:
  - Mithilfe einer App werden Nachrichten für die Aufgaben (Texte, Lieder, Kurzfilme, Adressen, Bilder) in QR-Codes umgewandelt. Diese Codes werden ausgedruckt, laminiert und an den Stationen verteilt.
  - An den Stationen kann auch jeweils ein Buchstabe hinterlegt werden, der zum Schluss ein Lösungswort ergibt, um einen Schatz zu knacken (Codewort).
  - Es kann auch ein Puzzleteil hinterlegt werden, das z. B. zusammengesetzt den Hinweis auf die allerletzte Station gibt.
  - Anhand eines Stadtplanes einen Rallyeweg verfolgen, welcher mit Zahlen versehen ist. Auf diesem Weg finden sich Infos, Aufgaben, Rätsel.
  - Fragen zu Geschichte, Sehenswürdigkeiten der Stadt formulieren.
    Die Antworten darauf findet man auf Straßenschildern, Inschriften usw.
  - Detektivfragen: Fragen, bei denen man an der jeweiligen Station sehr genau gucken muss.
- Tipp:
  Jede Gruppe startet von einer anderen Station (oder zeitversetzt).
- Alternative:
  Fragen stellen und die Anzahl der Buchstaben des Lösungswortes vorgeben. Möglich ist auch, einige Buchstaben als Hilfe vorzugeben. Wenn alle Fragen beantwortet sind, ergibt es ein Lösungswort, welches mit dem Ort und bestenfalls mit der Schlussstation zu tun hat.

LS M2 Mögliche Fragen

Mögliche Aufgaben:
Wissensfragen, die auf die Stadt bezogen sind
Denkaufgaben (Was ist schwerer, 2 kg Federn oder 2 kg Mehl? Welcher Hahn kann nicht krähen?), Rechenaufgaben z. B. zur Jahreszahl einer Statue

Die Kinder können die Antworten frei finden oder Sie bereiten Multiple-Choice-Fragen vor.

Diese Auswahl an Fragen bietet den Anstoß für eigene Fragen passend zum Ort:

- Wann öffnet die Elefantenapotheke?
- Wieviel kostet eine Kugel Eis im Eiscafé?
- Wie viele Wasserspeier stehen am Brunnen?
- Wo hängt das Schild …?
- Wie lange gibt es schon die Brauerei im Ort?
- Wer war Konrad Adenauer? (bezogen auf ein Straßenschild)
- Am Haus Nr. 4 siehst du eine Heiligenfigur. Welche?
- Welche Berufe gab es früher in der Gerbergasse?
- Welche Figur steht vor dem Kunstmuseum?
- Welche Symbole sind auf den Schlusssteinen des Stadtmuseums?
- Wieviel kostet das Schmuckstück ganz rechts im Schaufenster von Juwelier …?
- Wozu diente früher die Stadtmauer?
- Was steht auf den Türgriffen am Kirchenportal?
- Welcher Heilige ist der Schutzpatron unserer Stadt?
- Wie heißt die Bürgermeisterin mit Vornamen?
- Wie viele Männer und Frauen sind im Stadtrat?
- Was steht über dem Haus Pfaffengasse 9?
- Welche Zutaten sind in der Spezialität eures Ortes drin? Bringt eine Zutatenliste mit!
- Wie viele Bäume stehen in der Prinzenallee?
- Welche interessanten Dinge stehen im Schaufenster von Tobi Trelei?
- Wer wohnt im ältesten Haus der Stadt?
- Welcher Film läuft gerade im Kino …?
- Wie viele Bahngleise gibt es insgesamt?
- Wie viele Züge fahren in der Zeit zwischen 9.00 und 10.00 Uhr?
- Welche Farbe hat das Haus in der Müllerstr. 2?
- Wann schließt das Rathaus am Donnerstag?
- Wie alt ist die Apotheke am Kirchplatz?
- Wann erklingt das Glockenspiel am Rathaus?
- Wie heißt die älteste Kirche der Stadt?
- Was ist auf dem dritten Fenster rechts im Rathaus zu sehen?
- Welcher Künstler erschuf den …brunnen?
- Wie viele Treppen führen zum Schloss hinauf?

LS M3 Urkunde

Urkunde

____

hat den Ort

____

erfolgreich erkundet!

Renate Maria Zerbe: Mein Heimatort

Wir präsentieren unseren Heimatort

		Zeitrichtwert	Lernaktivitäten	Material	Kompetenzen
1	PL	5'	L gibt einen Überblick über den Ablauf der Stunde.		– aktiv zuhören – Wissen vertiefen bzw. wiederholen – eigenständig und selbstorganisiert in der Gruppe zusammenarbeiten – Ergebnisse vor der Klasse präsentieren – Arbeitszeit einteilen – Erarbeitungen der vorangegangenen Stunden nutzen – Gesprächsregeln beachten
2	PL	10'	S nennen nun alle Begriffe, die ihnen zum Thema „Heimatort" einfallen. L notiert die Begriffe in einer Wortwolke.		
3	GA	70'	S finden sich in Zufallsgruppen zusammen, wählen eine Präsentationsform und setzen sich mit ihrem Heimatort auseinander.	M1–M9, Material	
4	PL	5'	S stellen ihre Produkte in einem Museumsrundgang aus.		

Erläuterungen zur Lernspirale

Ziel der Stunde ist die vertiefende Auseinandersetzung bzw. Wiederholung der Thematik „Heimatort", indem die Kinder reflektieren und gestalten und ihre Präsentation besonders auf die Zielgruppe „Kinder" fokussiert ist.

Zum Ablauf im Einzelnen:

Im **1. Arbeitsschritt** gibt die Lehrkraft einen Überblick über den Ablauf der bevorstehenden Stunde.

Im **2. Arbeitsschritt** nennen die Kinder in einem Blitzlicht reihum Begriffe zum behandelten Thema „Heimatort" (zur Unterstützung evtl. Bilder zeigen). Sie müssen dabei gut zuhören, denn es sollen keine Doppelungen vorkommen. Die Lehrkraft schreibt diese in einer Wortwolke auf. Die Lehrkraft sollte sich vorab auch für ein Piktogramm entscheiden, welches zum Thema der Reihe passt, z. B. ein Gebäude oder ähnliches.

Im **3. Arbeitsschritt** finden sich die Kinder in Zufallsgruppen zusammen und entscheiden sich für eine Präsentationsform (M1–M9). Wichtig ist, dass die entsprechende Präsentationsform bekannt ist, damit die Arbeitszeit effektiv genutzt werden kann. Alternativ kann die Lehrkraft auch nur eine Präsentationsform vorgeben, um nachher die Produkte anhand von Kriterien vergleichen zu können und mit den Kindern die Vorzüge bzw. Verbesserungen zu reflektieren. Eine weitere Variante ist, eine Präsentationsform zu nehmen und unter allen aufzuteilen, z. B. Kinderreiseführer: Alle erarbeiten mit einer Kleingruppe einen Teilbereich für den Reiseführer. Beim Drehen des Films wäre es gut, direkt in der Stadt zu filmen (ist außerdem authentischer). Allerdings bräuchte man zur Betreuung der Gruppen wieder Begleitpersonen.

Im **4. Arbeitsschritt** stellen die Kinder ihre Ergebnisse aus. Diese werden in einem Museumsrundgang betrachtet und somit gewürdigt. Filme oder PowerPoint-Präsentationen könnten sich die Kinder entweder im Plenum mit allen ansehen oder allein am Tablet/PC, ausgestattet mit Kopfhörern.

Die Ergebnisse der Kinder könnten außerdem im Schulgebäude ausgestellt werden, auf der Homepage veröffentlicht werden oder auf einem Padlet gezeigt werden. Vielleicht findet die eine oder andere Ausarbeitung Gefallen bei der Gemeinde und sie integriert es in bestehende Konzepte.

Alternativ könnte zudem eine Reflexion über den Themenkomplex „Heimatort" erfolgen: Mein Lieblingsplatz in meinem Wohnort ist ..., weil ... (auch als Verschriftlichung möglich als Tipp für andere Kinder der Schule, ausgestellt an einer Stellwand) – Das habe ich neu gelernt über meinen Wohnort ... – Mir ist bewusst geworden, dass ... – Sehr interessant fand ich ...

✓ Merkposten

Für den 2. Arbeitsschritt schon vorher ein Piktogramm auswählen.

Für den 3. Arbeitsschritt alle Materialien und Geräte bereitstellen.

Tipp

Die Kinder sollten mit der PowerPoint-Arbeit vertraut sein.

Wichtig ist auch, dass die Gruppen leistungsmäßig gemischt sind.

Notizen:

LS M1 Werbeplakat

Plakate haben meist sehr große Formate, damit sie besser auffallen. Der Betrachter soll den Inhalt schnell aufnehmen können.

A1 Sammelt Bilder und verfasst kurze Infotexte dazu. Überlegt: Was sollten die Betrachter unbedingt über euren Ort wissen?

A2 Entscheidet dann, welche Fotos oder Bilder ihr aufkleben wollt.

A3 Ordnet Texte und Bilder auf dem Plakat an. Vor dem endgültigen Aufkleben könnt ihr diese Anordnung noch mehrmals verändern. Denkt an eine gute Aufteilung!

Beachtet noch weitere Tipps:
- Sucht eine Hauptüberschrift und Teilüberschriften zu Unterthemen.
- Schreibt in lesbarer Schrift oder schreibt die Texte am Computer.
- Fotos und Bilder sollten eine kurze Bildunterschrift haben.

LS M2 Ein Spiel entwerfen

In einem Spiel kann man sich über einen Ort informieren bzw. Wissen aneignen.

Entscheidet, welche Art von Spiel es sein soll. Ist es ein Kartenspiel, Memo-Spiel mit einem Bild und einer dazu passenden Textkarte, ein Domino mit Bild und Text oder ist es ein Brettspiel?

Wichtig ist bei allen Spielvarianten, dass ihr die Spielregeln notiert und wie man das Spiel gewinnen kann (z. B. wer die meisten Paare erspielt, wer die meisten Fragen richtig beantwortet hat, wer keine Spielsteine mehr hat, wer zuerst im Ziel ist).

LS M3 Souvenir: T-Shirt

In vielen Orten kann man typische Souvenirs kaufen wie Schneekugeln, Teller, T-Shirts etc. Gestaltet doch ein eigenes T-Shirt passend zu eurem Ort.

Denkt daran, ein passendes Motiv auszuwählen. Überlegt euch auch einen passenden Spruch dazu.

Ihr benötigt nur ein weißes T-Shirt und Textilfarbe bzw. Textilstifte.

LS M4 Kinderreiseführer

Reiseführer informieren über Orte und Landschaften, die man gerne besuchen möchte. Meist sind es Reiseführer für Erwachsene. Es gibt aber auch Reiseführer für Kinder.

A1 Schaut euch zur Vorbereitung einen Kinderreiseführer an. Wie ist er aufgebaut? (Infos über den Ort im Allgemeinen, Sehenswürdigkeiten, Stadtplan)

A2 Überlegt, welche Informationen Kinder besonders an eurem Ort interessieren: Freizeit, Museen, besondere Kinderprogramme, Führungen, Zoo, Sehenswürdigkeiten.

A3 Erstellt den Reiseführer.

Besondere Tipps:
- gelungene Überschriften, die neugierig machen
- verständliche Texte, ansprechend, kurz und mit den wichtigsten Infos
- Leser direkt ansprechen (Du)
- Bilder mit Bildunterschriften
- Kästen mit besonderen Geheimtipps für den Ort

LS M5 PowerPoint-Präsentation

Erstellt eine PowerPoint-Präsentation.

Beachtet:
- gut lesbare Schrift und gut lesbare Farben
- übersichtliche Seiten (Folien)
- nur die wichtigsten Infos
- pro Folie 1–2 Minuten (nicht kürzer)
- Bilder und Lieder einfügen

LS M6 Quiz

Entwerft ein Quiz, bei dem zwei Gruppen gegeneinander spielen oder in einer Minute möglichst viele Fragen beantworten.
Stellt dafür Fragen zu unterschiedlichen Bereichen (Stadtgeschichte, Wappen, Sehenswürdigkeiten, …) zusammen.

LS M7 Film

Eine bekannte historische Persönlichkeit stellt in einem Film den Ort vor.

A1 Überlegt, wer vor der Kamera steht und den Ort vorstellt. Die anderen sollten passende Bilder / Orte organisieren.

A2 Schreibt einen Drehplan, was ihr filmen wollt: Was sollte ein Kind wissen, wenn es euren Ort besucht?

A3 Schreibt kleine Texte zu dem, was ihr präsentiert. Denkt daran, nur die wichtigsten Informationen zu geben!

A4 Ein Kind aus eurer Gruppe dreht den Film mit dem Tablet oder Smartphone.

A5 Zum Schluss könnt ihr den Film mit einem Videoschnittprogramm bearbeiten. So könnt ihr die Übergänge gestalten und Musik unter den Film legen.

LS M8 Minibuch

Erstellt ein Minibuch für Kinder über euren Heimatort mit den wichtigsten Informationen. Dieses könnte auch im Rathaus ausgelegt werden.

Überlegt gemeinsam: Welche Kurzinfos und Bilder müssen unbedingt in das Minibuch im Hosentaschenformat? Beschränkt euch auf das Wesentliche!

LS M9 Zeitung

Einige Orte geben für ihre Besucher besondere Zeitungen heraus, in denen sich die Touristen über den Ort informieren können. Erstellt so eine Zeitung.

Diese sollte aber für Kinder gedacht sein.
Überlegt daher genau: Welche Infos benötigen Kinder, die euren Ort besuchen?
Was sollten sie sich unbedingt ansehen? Was ist für sie besonders interessant?

Ihr könnt auch Rätsel, Rezepte oder Witze einbauen.